Lichtharmonisierung des Seins im Aufstieg der Erde

Gechannelte Durchsagen aufgestiegener Lichtwesen, Blumenbilder, neues aufgestiegenes Wissen

Autorin   Algeth Ohlmeier Bruhn

Mobil   +49 (0) 173 1616 962

Mail   a.ohlmeier.hp@gmx.de

Anschrift   Lerchenweg 5, 24340 Eckernförde

Ich führe Lichtharmonisierungen des Körpers, der Aura, der drei-, vier- und fünf-dimensionalen Chakren, des Umfeldes und aus vergangenen Leben durch. Die Entfernung wird durch die außer Raum und Zeit gelegene Aufstiegsenergie irrelevant, bis ich die Harmonisierung durch geführt habe, benötige ich persönliche Daten und übermittle das, was ich harmonisiert habe, auf elektronischem Weg.

Ich biete eine Ausbildung im Lichtharmonisieren für sich selbst an. Jeder kann sie erlernen ohne besondere Voraussetzungen. Das erfahrene Wissen kann die Nachfrage von Lichtharmonisierungen bei anderen hervor rufen. Die Harmonisierung für andere darf stattfinden, sofern diese ihre mündliche Zustimmung gegeben haben.

Im Rahmen einer von aufgestiegenen Lichtwesen begleiteten Ausbildung, gebe ich Channelunterricht.

Danke

Danken tue ich dem Göttlichen für meine Fülle, Gesundheit, Weisheit und das ich mich im Einheitsbewusstsein befinde.

Ich danke den Engeln, dass sie mit mir lachen, tanzen und mir die Leichtigkeit nahe bringen.

Ich danke den aufgestiegenen Lichtwesen, dass sie mich führen, schulen, meine Schwingung erhöhen und mich gleichzeitig in tiefe Entspannung versetzen und mir die Lichtwelt zeigen.

Ich danke den Naturwesen, die meine Arbeit unterstützt haben, so dass mich die Blumenwesen schon von weitem angelacht haben und ich ein Foto machen konnte.

Mein Dank geht an meine Verwandten, Freundinnen und Freunde, die mich unterstützten einen neuen Weg des Aufstiegs zu gehen.

Impressum

Bibliografische Information der Deutschen Nationalbibliothek. Die Deutsche Nationalbibliothek verzeichnet diese Publikation in der Deutschen Nationalbibliografie, detaillierte bibliografische Daten sind im Internet über dnb.dnb.de abrufbar.

Copyright: 2022 Algeth Ohlmeier Bruhn

Herstellung und Verlag: BoD - Books on Demand, Norderstedt

ISBN: 978.3.7557.3409.3

Inhalt

1. Einleitung

Meine Zuneigung zu der Natur, den reinen Lichtwesen und dem Göttlichen brachten mich dazu ein Buch zu schreiben, das mir die Möglichkeit gibt, das aufgestiegene Wissen zu verdeutlichen.

Schon im frühen Erwachsenenalter haben mich die Naturheilmethoden interessiert und ich konnte sie an mir, meinen Kindern und später als Heilpraktikerin auch anderen zugänglich machen. In vielen Kursen gelang es mir zu erkennen, dass bei allen Disharmonien geistige Ursachen als Grundmerkmal aufzulösen sind, um eine Heilung nach dem göttlichen Abbild zu erlangen. Heilung auf geistigem Weg geschieht durch die aufgestiegenen Lichtwesen, den Engeln, dem Göttlichen, die durch mich wirken und durch die hohen Energien, die dann vor herrschen. Weder ein Gedanke noch eine andere Aufmerksamkeit, als auf mein Herz gerichtet, stört dann die Einheit.

Bei meinen Beobachtungen in der Natur habe ich zur Zeit den Blumenwesen größere Aufmerksamkeit gewidmet. Ihre Schönheit,

Anmut, Sanftheit im Kleinen am Wegesrand und im Großen in Parks erfreuen beim Anblick. Ihr zu tun für das Gemüt hat unermesslichen Wert und durch die Beachtung der Blumenwesen ist die Naturwelt geneigt sich der Göttlichkeit des Betrachtenden hinzugeben.

Meine Texte zu den Bildern sind gechannelte Durchsagen. Leitung der Channelings haben die aufgestiegenen Lichtwesen vom Jahr 2021.

2.   Über mich

Kein Sein ohne mich bringt weder Probleme noch Negatives zum Wahrnehmen.

Um mich zu finden ist dir die Möglichkeit gegeben, dich mich in physischer Form vorzustellen. Bis dieses wahr wurde hatte ich ein Leben wie jeder andere auch auf dieser Erde. Mir gab meine Familie die Möglichkeit zum Abiturabschluss und alles weitere war meine Entscheidung, die ich traf und in die Handlung umsetzte. Viele Möglichkeiten standen mir offen und ich machte eine Ausbildung zur Programmiererin und stellte meine Fähigkeit bis

Ende 2014 zur Verfügung und leitete zeitweise eine Softwarefirma. Für eine Familie brachte ich zwei Kinder zur Welt und trennte mich von den Vätern früh. Meine Vorliebe für Naturheilverfahren ließen mich ein Abendstudium mit Abschluss als Heilpraktikerin im Jahr 2003 vollenden und eine Praxis mit vielen durchlaufenen Schulungen führen. Auch habe ich Wanderungen um den Lago Maggiore in Italien ausgearbeitet und in Gruppen geführt, mit dem Anspruch die Stille, Schönheit und Achtsamkeit in jedem Schritt in der Natur und in jedem Moment zu erfahren.

Mit der geistigen Welt, die reinen Lichtwesen und das Göttliche, bin ich bewusst über die Möglichkeit der Lichtübertragung geworden. Anfangs mit der Homöopathie, wo auf Globuli heilende Informationen übertragen werden, später gelang es mir die Schwingung der Herzfrequenz mit einem Computer zu nutzen und somit die Lichtübertragung herzustellen. In der Quantenphysik lernte ich , dass die bloße Absicht zu positiven Informationen das Negative auflöste und die reinen Lichtwesen und das Göttliche durch hohe Schwingungen anwesend sein konnten.

Die Lichtharmonisierung nahm Gestalt an und ist ständig im der Wandlung, so dass das aufgestiegene Wissen von mir gelernt, angewendet und verändert werden kann. Ich habe keinen Anspruch auf Vollständigkeit der Textaussagen. Was dir gefällt übernehme oder lass es weg oder verändere es. Lass dir von den aufgestiegenen Lichtwesen helfen, rufe sie an, danke Ihnen, so kann deine Intuition die Liebe deines Herzens in das Sein bringen.

Zeige dich in der Lichtwelt als Göttin, als Gott und verankere dich auf der goldenen aufgestiegenen Erde mit dem Bewusstsein ohne Gedanken und liebe immer alles was ist. Sei im hier und jetzt.

Unter der aufgestiegenen Erde steht jedem ein Leben in Fülle, vollkommener Gesundheit und Weisheit zur Verfügung. Jeder weiß von jedem und es gibt weder etwas zu verbergen noch zu verbessern, da auf der aufgestiegenen Erde die Schwingung in der 5.Dimension und höher ist.

Untugenden wie Angst, Zweifel, Recht haben wollen, um nur einige zu nennen, bleiben aufgelöst und befinden sich in einer parallelen Realität des Untergegangenen.

Bei dir sein ist die Voraussetzung für gelebtes Glück. Bei den anderen ist ihre Angelegenheit ihre Angelegenheit. Was andere machen geht anderen weder etwas an noch sollte über sich selbst oder andere gewertet und geurteilt werden. Ein no go ist bei Abwesenheit anderer an sie zu denken oder über sie zu sprechen, worum weder mündlich zugestimmt wurde noch andere darum gebeten haben. Diese Form verletzt das Feld desjenigen an den gedacht wurde und kann das eigene Feld schädigen.

Die energetische Lichtharmonisierung benötigt eine gewisse Selbstdisziplin.

Finde deine eigene Vorgehensweise und vertraue dem Göttlichen, den Engeln und den aufgestiegenen Lichtwesen unserem und anderen Universen.

3. Lache

Liebe

sei bei dir

Lege ein weißes Blatt über deine Vergangenheit und schreibe darauf mit goldenen Buchstaben:

‚Alles ist Licht, Liebe, Leichtigkeit, Vertrauen.'

Die Vorstellung erschafft im gleichen Maße die Wirkung wie das Gesagte.

3.1 Nehme an, dass es möglich sei die Lichtwelt wahr zu nehmen. Das Göttliche, die Engel, die aufgestiegenen Lichtwesen sind immer da. Rufe sie an und danke ihnen, sie helfen gerne.

3.2 Erkenne die Macht deiner Gedanken und Worte, sie bringen positives zu positiven Erfahrungen und negatives zu negativen Erfahrungen. Beides ist gut und bringt Erfahrungen, die erlebt werden und es geschieht nach deinem Willen. Das Unterbewusstsein kann weder gut noch schlecht, weder gesagt noch vorgestellt in Gedanken unterscheiden. So ziehen nach dem Gesetz der Anziehung positive Vorstellungen positives an und umgekehrt. Alles lieben was ist, ist das Paradies auf Erden, ohne werten und urteilen sich selbst oder anderen gegenüber.

3.3 Die Schönheit im Gleichmut des Göttlichen erfüllt mein Sein.

3.4   Die Reinheit des Seins ist umhüllt mit Liebe. Das Licht erstrahlt von innen heraus. Im Verborgenen waltet die Kraft der Ruhe.

3.5 Siehe meine Schönheit, verfalle ins Glück, bringe die Freude hervor.

3.6 Gleichmut des Göttlichen zeigt sich überall.

3.7 Das Licht erstrahlt im Strom der göttlichen Liebe.

3.8　Ob Winter, Sommer, Frühling,
　　　Herbst, dass Lachen der Blumenwesen
　　　ist allgegenwärtig.

3.9   Gehe und wasche deine Schale. Hinter dem Rücken ist nichts zu sehen was im hier und jetzt ist. Viele Wege führen ins Paradies. Ziehe an dem Strang der Erneuerung und lasse los, was nicht zu dir gehört.

3.10   Gleichmut ist eine Art von Liebe zu allem was ist. Habe Mut zur Veränderung des gewohnten in dir. Lasse los was nicht mehr zu dir passt. Gebe dich dem Fluss des Lebens hin ohne zu werten.

3.11   Vertraue in den Aufstieg der Göttlichkeit in dir. In jedem Moment ist die Schönheit des Augenblicks zu finden. Jedoch es bedarf einer gewissen Disziplin deiner selbst. Alles was ist zu lieben ohne werten und urteilen dir selbst und anderen gegenüber.

3.12 Habe Mut zur Veränderung. Sei eine Amazone, ein Gott des Lichts, um die Erfahrungen des Seins zu entdecken, die im hier und jetzt sind. Gleich was auf dich zu kommt, sei mutig und gehe deinen Weg. Es ist immer die richtige Richtung, da es weder richtig noch falsch auf Seelenebene gibt.

3.13 Für jemanden der sich auf den Weg
des Aufstiegs macht, ist die Ruhe in sich
selbst, ein Atem, der eine Feder vor der Nase
weder bewegt noch weg pustet, die Liebe zu
sich selbst und anderen gegenüber,
angebracht.

3.14 Schalte auf Freude um. Lächle, sodass deine Grübchen sich biegen. Es kommt dir jetzt ein Symbol für Leichtigkeit und wann immer du dieses Symbol wahrnimmst, denkst du an loslassen. Was ist es, was du loslassen kannst, da es zu dir nicht mehr passt?

3.15 **Gebe dich dem Moment des Seins hin, lass das Denken weg, lächle, die Schwingung steigt und harmonisiert.**

3.16 Finde es heraus, indem es ausprobiert ist. Finde dich im Inneren deines Herzens und gehe in die Tetra-Entspannungsschwingung, so dass dein Atem flach und sanft fließt. Hier liegt die Schöpferinnenkraft.

3.17 Belebe deine Seele mit Qualitäten wie Schönheit, Sanftmut, Demut. Sie ist überglücklich, dass du sie wahrnimmst.

3.18 Reich an Wertvollem ist in jedem Sein zu finden. Es zu sich zu nehmen bedeutet das Sein zu beenden anstatt es mit Freude anzuschauen und somit das Wertvolle in sein Sein zu integrieren.

4. Zuhause

Hierunter versteht die Seele das Göttliche. Sie hatte sich von dem Göttlichen getrennt, um Erfahrungen zu machen. Viele alte Seelen haben eine Vielzahl von Inkarnationen durchlebt und ihre Sehnsucht ist das freiwillige wieder Eins-werden mit dem göttlichen Bewusstsein. Hier gehen sie ins Einheitsbewusstsein über und es gibt sie nicht mehr als einzelne Energie. Sie haben die Möglichkeit sich neu abzuspalten vom Göttlichen und eigene Erfahrungen zu sammeln.,

Seelenanteile können von anderen Planeten, Sternen, Sonnensystemen, Universen, Galaxien, Innererde, Naturwesen kommen.

Hat eine Seele den Aufstieg als Entscheidung gewählt, können und müssen alle alten Muster, Rituale, Ängste in Sicherheit, die Resonanzfähigkeit auf Zweifel, Wut, werten und urteilen, jede Form von Helfer☆innen-Symtom, um nur einiges zu erwähnen, aufgelöst werden.

Zu Unterschiedlich sind einige Seelen mit ihren Seelenanteilen aufgestellt und es ist gut sie zu harmonisieren, so dass die Seelenanteile als eine Seele fungieren. Dieses wird erreicht indem manifestiert wird, dass alle Seelenanteile miteinander harmonisieren.

Je höher der Mensch schwingt, desto mehr Seelenanteile kommen hinzu. So kann jemand über 300 Seelenanteile oder mehr haben.

Haben Seelenanteile genug gelernt kann ein freiwilliger Seelenanteilwechsel stattfinden. Das hat den Vorteil, dass die Geburt, Kindheit usw. weder neu durchlaufen werden muss noch das es eine Stagnation im Wandel des Seins gibt.

Hat eine Seele im Schlaf die Möglichkeit weiter weg vom Körper zu agieren, erlebt sie meist spannende Abenteuer.

Was hat deine Seele letzte Nacht erlebt?

Bitte die aufgestiegene Lichtwesenheit Naibu, welche dir jetzt zur Unterstützung zur Seite steht. Sie wird dich in eine höhere Schwingung bringen, dein Lichtgewand mit rosa Kristallen schmücken, so dass die bedingungslose Liebe von und durch dein Lichtgewand strömt, dich einhüllt und sichtbar sicher durch dein Channeling und zurück ins hier und jetzt bringt. Danke Naibu.

5. Bin ich ich

In vielen Galaxien haben die Wesen den Hintergrund glücklich zu sein. Sie sind geneigt vor unserer Göttlichkeit in uns. Der große galaktische Rat der Föderation hatte beschlossen unsere Erde in eine höhere Dimension zu bringen. Für alle hochschwingenen nichtmanifestierten Wesen war die Erde ein Potential selber höher zu schwingen. Gleichwohl musste für dieses Vorhaben, die aufgestiegene Erde zu erschaffen, die Schwingung erhöht werden. Mit vereinten Kräften der reinen Lichtwesen und vielen Menschen, die ein Ende der Inkarnationen wünschten, gelang es.

Die aufgestiegene Erde ist in einer parallelen Realität stabil allen zugänglich. Gelingt es jemanden gut geerdet im Mittelpunkt der goldenen aufgestiegenen Erde sich zu halten, sind neue aufgestiegene Lebensformen des Seins zu vertiefen. Hat es in der Übergangszeit noch die Möglichkeit des Wechselns , so betrachtet ist es bei dem Aufstieg danach unwahrscheinlich.

Zwischen den beiden Realitäten gibt es unzählige weitere Realitäten. Jeder ist in seiner eigenen

Realität, die er sich erschaffen hat. In dem Feld von den verschiedenen Realitäten des Seins ist das göttliche Bewusstsein. Hier ist alles gespeichert, was ist. Jeder hat die Möglichkeit darauf zuzugreifen und für sich zu seiner Realität zu machen.

Für ein bewusstes Leben ist das hier und jetzt wichtig. Bei sich bleiben, die Aufmerksamkeit auf sein Herz richten, so kann die Seele Freudensprünge machen, da dass gelebt wird wofür sie in dich inkarniert ist. Wie viele Seelenanteile in dich sind kannst du erfragen und falls die 100 % unterschritten sind, manifestiere, dass deine richtige Seele in dir lebt und zu 100% inkarniert ist. Manifestiere ‚Ich bin ich.'

Fragen zu allen Themen beantwortet dir deine Seele. Bei einer Lichtharmonisierung ist dies die Voraussetzung aller weiteren Harmonisierungen des Körpers, der Aura, den drei-, vier- und fünfdimensionale Chakren, deines Umfeldes, aus vergangenen Leben. Das Fragen wird mit verschiedenen Methoden möglich, wie mit einem Tensor, mit dem Finger-Muskel-Test, mit dem Schwingen der Hand. In allen möglichen Methoden ist es wichtig, was deine Seele mit ‚ja'

oder ‚nein' beantworten kann, vorher fest
zulegen. Bei dem Tensor könnte für dich ein ‚ja'
im Uhrzeigersinn drehend bedeuten und ein ‚nein'
gegen den Uhrzeigersinn drehend bedeuten.

Jede Seele hat einen eigenen Lebensplan, den sie
sich vor der Geburt ausgesucht hat zu lernen.
Auf der aufgestiegenen Erde wird eine Zeugung
und Geburt in einem Ritual, das in hoher
Schwingung vollzogen wird, alleine durch
Bewusstsein geprägt.

Seelenanteile können von aufgestiegenen
Lichtwesen aus anderen Universen vorhanden
sein. Die Zusammensetzung kann vielfältig und
einen hohen Anteil, je nachdem wie hoch jemand
schwingt, haben. Vielleicht kannst du deine Seele
fragen und die Antwort channeln. Du wirst
überrascht sein welche Qualitäten, wie
Schönheit, Liebe, Fülle deine Seelenanteile
haben. All dies möchte gelebt werden.

Zur Zeit sind viele Seelen auf der Suche nach
einem Körper. Sie wollen den Aufstieg
miterleben. Sie drängen die richtigen
Seelenanteile weg, sobald der Körper sich im
Vordergrund sieht und das Ego wirkt. Körper,

Geist und Seele bilden eine Einheit und die heißt es im Gleichgewicht zu halten. Im hier und jetzt sein, alles lieben was ist, im Gleichmut des Göttlichen sein.

6. Hallo Ego

Geh in dich und frage dich was zu tun ist.

Sollte die Antwort ‚nichts' lauten, so kannst du davon ausgehen, dass du eine angekommene Göttin, ein angekommener Gott bist, unendlich hoch schwingst und deine Aura an dem göttlichen Strom angeschlossen ist. So ist es deinem Ego unmöglich etwas zu wollen, weder etwas zu ändern noch zu verbessern. Halte diesen Zustand für wahr und du wirst viel Freude in deinem Sein haben. Nun ist es dir möglich neue Fähigkeiten zu beobachten, die dir kommen werden in der universellen Weisheit, aus dem Feld des Wissens, da du eins mit der göttlichen Liebe und der Unendlichkeit bist.

Glaube an deine Intuition und vertraue den aufgestiegenen Lichtwesen, die dich führen, deine Schwingung erhöhen und dich gleichzeitig in tiefe Entspannung bringen, so dass die Lichtwelt real ist und erlebt wird.

Reiche dir die Hände und packe das Leben an. Gehe mit den Füssen auf der aufgestiegenen Erde im Mittelpunkt verankert mit deiner eigenen Realität.

Dein Ego ist noch da, jedoch ist es verstummt durch die Stille deines Seins in deinem Herzen.

Zeige dich offen dir gegenüber in Liebe und sodann auch anderen. Da du dich selbst liebst mit allem was zu dir gehört, kann diese Liebe von anderen wahrgenommen werden und sie wollen gerne in deiner Nähe sich aufhalten, solange sie deine bedingungslose Liebe aushalten können. Dann nehmen sie etwas Abstand und richten sich neu aus, bevor sie sich in bedingungsloser Liebe wiederfinden. Zu dir wird das angezogen, was das Potenzial deiner Ausstrahlung ist. Nach dem Gesetzt der Anziehung kommt das auf dich zu was du positives bist und umgekehrt.

Gleich einem Gummiband erlebst du das aufgestiegene Leben mit allen seinen Fassetten in deiner Realität. Die Erweiterung ist bis ins unendliche möglich. Unterstelle dich deinem

Herzen und lass es die Führung deines Seins annehmen.

Reich, Glück, Freude sind im hier und jetzt zu leben. So wie es dein freier Wille erschaffen hat. Lieben alles was ist, ist die Voraussetzung, um ein Sein in Fülle, Gesundheit und Weisheit zu leben.

Das ‚a' und ‚o' ist loslassen von allem Alten, was dich in der Stagnation hält. Was weder geliebt noch zu dir gehört, kann sich weder auflösen noch das es weg bleibt.

Eines der schwierigsten Loslass-Merkmale ist die Angst. Stelle die Frage wie viele aufgestiegene Amazonen, Götter des Lichts in dir sein sollen. Messe nach.

Finde heraus, was dir Mühe macht und wandle es in Leichtigkeit. Stelle dir vor das Thema wird in ein rosa Herz gepackt, so kann die Entwicklung dich in Erstaunen, wie mit Kinderaugen betrachtet, bringen.

Gestehe allen ihre Eigenständigkeit zu und bitte die aufgestiegenen Lichtwesen, dich darin zu unterstützen. Wie viele aufgestiegene Lichtwesen begleiten dich?

7. Verbinde dich

Gehe in die Ruhe und entspanne dich tief, so dass dein geheimer heiliger Tempel in deinem Herzen wirken kann. Halte die Verbindung unbedingt egal was um dich geschieht, was du hörst oder siehst, was du schmeckst oder fühlst. Es wird dich in den Zustand als Beobachterin, als Beobachter des Lebens versetzen und dir die Möglichkeit geben im Bewusstsein ohne Gedanken zu verweilen, fest in dir gebettet und im Vertrauen des Urseins halten.

Als Beobachter☆in des Stroms des Lebens gelangt das in deine Nähe was Glück, Freude, Liebe, Leichtigkeit bringt. Du wandelst als die Göttin, der Gott durch das Sein und erschaffst eine Verbindung zu der Lichtwelt und dem Göttlichen, was dich in deiner Realität trägt. Gleich einem weißen Sack voll weißer Federn der Reinheit, die dich mit Leichtigkeit wandeln lässt.

Beobachte dabei den Atem ohne ihn zu verändern und erfahre bei gleichzeitiger Aufmerksamkeit auf dein Herz, dass du beatmet wirst solange die Verbindung stabil ist.

Gebe dich dem Fluss des Lebens in bedingungsloser Liebe hin, erfahre dass das Göttliche in dir die Welt mit den Augen eines Kindes betrachtet und beobachte mit Hingabe was geschieht.

Jeder Augenblick erhöht die Schwingung von dir und was dich umgibt. In diesem Zustand deiner Realität, wo das Göttliche in dir wirkt ist alles heil und gesund, in Fülle und Weisheit.

Bist du vollständig testfähig? Bei Bedarf bitte die aufgestiegenen Lichtwesen dich vollständig testfähig zu machen und danke ihnen. Messe nach und manifestiere die Gesundheit, Fülle, Weisheit bei Bedarf neu und messe nach. Richte dann die Aufmerksamkeit erneut auf dein Herz und stelle die Verbindung her.

Habe Mut, Vertrauen und Liebe in dich selbst. Halte es für möglich ein Sein im Glück, Reich und Gesund zu sein. Erlebe dein Erschlafftes, genieße und erstrahle im Licht.

8.   Handle bewusst

Um in den bewussten Zustand zu kommen bedarf es einiger liebevoller grundsätzlicher Schritte deines Wollens. Habe es heute in die Entscheidung gebracht, so kann es losgehen und in die Handlung kommen. Hat es für dich den Anschein doch schon immer bewusst gewesen zu sein, so müssen wir es erklären.

Viele Entscheidungen in deinem Leben jetzt und auch in vergangenen Leben waren ausgerichtet auf die Sache, die du machen wolltest. Du hast dich weder gefragt ob es deiner Seele entspricht noch ob es gut für dein Sein ist, was du entschieden hast zu tun. Das hing damit zusammen, das die Schwingung auf der Erde und für dich niedrig gemacht wurde, um das Karmaspiel zu spielen. Was damit begann als von der Frucht der Erkenntnis genommen wurde. Die Erinnerung an die Lichtwelt und dein höheres Selbst stimmte zu, wurde gelöscht bevor deine Seele in deinem Körper inkarnierte. Viele male geschah das und deine Erfahrungen wurden nach deinem Tod von deinem höheren Selbst gespeichert, so dass sie dir bei einer neuen Inkarnation ob auf der Erde oder einem andern

Ort, zu Verfügung standen. Deine Seele plante die optimale Gegebenheit, wie in welche Familie sie wollte und ähnliches.

Zu dieser Zeit ist die Schwingung auf der Erde erhöht und es ist leicht seine eigene Schwingung zu erhöhen, seine Seele zu fragen, was sie gerade für gut hält zu tun, sich selbst zu harmonisieren, mit den aufgestiegenen Lichtwesen zu kommunizieren und sich von ihnen schulen lassen.

So sind deine Entscheidungen im Einklang mit deiner Seele und du wirst merken, dass du weder dein Körper bist noch dein grübeln über eine Entscheidung dich weiter bringt. Das Gegenteil ist bei den Gedanken folgen der Fall, da sie immer Erfahrungen deines Egos erzeugen und deine Liebe zu deiner Seele überlagern.

Tief in deinem Herzen lege deine Aufmerksamkeit fest, und beobachte deinen Atem. Ist er flach und sanft, so bist du eine angekommene Göttin, ein angekommener Gott und kannst aus dem universellen höheren Selbst, dem Göttlichen wirken.

Zuerst wird dieser Zustand kurz sein und je öfters du dich daran machst ihn zu halten, desto glücklicher wirst du sein.

Traue dich in die Lichtwelt hinein und erschaffe deine Realität der Bewusstheit. Hier ist manches anders und immer in Wandlung und es wird mit der Lichtsprache hellfühlend, hellhörend, hellsehend, hellriechend, hellschmeckend, hellwissend kommuniziert.

Bei alldem ist deine Intuition gefragt und die Antwort kommt dir zu, immer da, wo das hellste Licht ist. Es kann sein, das zwei Personen die gleiche Frage stellen und unterschiedliche Antworten erhalten. Jede Antwort ist für jeden lichtvoll und gut und für denjenigen bestimmt, für den gefragt wurde. Bleib bei dir und vergleiche weder dich mit anderen noch andere mit anderen. Da du einzigartig bist und es weder werten noch urteilen auf Seelenebene gibt, wird es dir gelingen eine 100%ige Selbstakzeptanz zu haben. Nach Bedarf manifestiere das Positive und messe nach.

Habe Mut zur Veränderung deines Seins im Einklang mit deiner Seele und mit den aufgestiegenen Lichtwesen und im Bewusstsein eine Göttin, ein Gott zu sein.

Bei Bedarf manifestiere, dass du eine angekommene Göttin, ein angekommener Gott sein willst, gesund bist und unendlich hoch schwingst. Messe nach.

9. Reinheit im Sein

In dem Sein ist die Reinheit auf körperlicher Ebene mit baden und waschen verbunden. Gehen wir auf die energetische Ebene so wird etwas mit der Farbe weiß für Reinheit in unterschiedlichen Formen überlagert.

Es werden runde Blasen , runde in die Höhe verlaufende Lichtsäulen, Spiralen im Uhrzeigersinn drehend für zuführen und gegen den Uhrzeigersinn drehend für auflösen und es werden weitere Formen als energetisches Handwerkszeug eingesetzt.

Mit der Vorstellung einer weißen Lichtsäule, um negative Energien von Gedanken und Gefühlen zu reinigen und in positive Energien wie Freude Liebe, Leichtigkeit zu wandeln werden zusätzlich in die weiße Lichtsäule fünf fünfstrahlige rosafarbige Sterne mit zwei Strahlen unten, die negativen Zauber auflösen, platziert.

Bei den fünfstrahligen Sternen ist es wichtig, dass immer zwei Strahlen unten sind, um negativen Zauber aufzulösen. Die Anzahl an Strahlen kann variieren und in der Lichtsäule befinden sich am kraftvollsten dann ebenfalls soviel Sterne.

Gehen wir in die körperliche Ebene mit dem energetischen Handwerkszeug, so können wir dort mit der Farbe weiß für Reinheit ebenso etwas harmonisieren, wobei vorher immer die Ursache für eine Disharmonie aufgelöst werden muss.

Der sichtbare Körper ist die verdichteste Materie in dem menschlichen Sein. Hier bedarf es manchmal einige Zeit bis eine Lichtharmonisierung sichtbar ist. Wird ein Zustand für gut gemessen, so ist das auch so.

Hierbei sollten alle Unzulänglichkeiten ausgeschaltet sein, sonst kann es vorkommen, dass eine einmalige Lichtharmonisierung, die anhält, von dem Betroffenen damit rückgängig gemacht wird.

Jeder ist für sich selbst verantwortlich und jede, jeder gesteht dem anderen seine Eigenständigkeit zu und jede, jeder bleibt bei sich.

Mit der Reinheit des Seins ist die vollkommene Gesundheit gemäß dem göttlichen Abbild gemeint. Dies ist der Moment des glücklichseins auf allen Ebenen, zu allen Zeiten, mit dem Wissen, dass die Seele unsterblich ist, dem göttlichen Urvertrauen.

10.   Bewusstheit

Im Gleichmut des Göttlichen zu sein und somit die Liebe in allem was ist zu leben ist ein Höchstmaß an Bewusstheit. In Verbindung ohne Gedanken zu sein wird die Aufmerksamkeit auf das Herz und den Solarplexus in der Allmacht gelebt und die Schöpferinnenkraft spiegelt sich in Licht, hellen Farben und glücklich sein. Jeder Moment ist vollkommen.

Geh in tiefe Entspannung und du wirst
unterstützt von den aufgestiegenen Lichtwesen
bei Anrufung ihrer und danke. Messe nach.

Die bedingungslose Liebe entspricht der Farbe
rosa und sie kann in verschiedenen Formen zum
harmonisieren von Themen eingesetzt werden.

Bist du vollständig testfähig? Bei ‚nein' bitte die
aufgestiegenen Lichtwesen dich vollständig
testfähig zu machen. Messe nach und danke
ihnen.

Gibt es Unzulänglichkeiten wie Angst bei dir
aufzulösen? Bei ‚ja' könntest du weiter fragen :
Angst vor … (was, wen ?). Es wird dir etwas
kommen und du kannst messen, ob die Antwort
100% rein ist. Lege um das gesamte Thema ein
rosa Herz in deiner Vorstellung, so dass die
Angst aufgelöst ist. Um deine energetische
Arbeit zu stabilisieren kannst du über das Thema
Gold, Silber oder Weiß legen. Messe nach.

Es kam nur das in Balance gelangen was geliebt
wird. Nur wenn wir etwas lieben kann es
aufgelöst werden und es kann gehen, wenn das
Thema losgelassen bleibt. Bei jedem neuen
Gedanken daran wird das Thema wieder hervor

geholt. So sind vielleicht Unzulänglichkeiten wie Zweifel, mangelndes Vertrauen, Wut, Kritik oder ähnliches noch aufzulösen und mit Licht zu harmonisieren.

Das kreative, flexible, kraftvolle an der Lichtharmonisierung ist, dass immer unterschiedliche energetische Lichtformen angewendet werden.

Es können die aufgestiegenen Lichtwesen angerufen werden, es kann gechannelt werden, es kann mit der Selbstvorstellung gearbeitet werden. Dabei ist das Gleichgewicht von selbst machen, channeln und helfen lassen zu beachten.

Um sein Inneres aufzuräumen und eine Göttin, ein Gott im Außen sichtbar werden zu lassen bedarf es des neuen Aufstiegswissens und dieses entscheidungsfreudig in die Handlung bringen.

Die Channelings entstehen aus dem Feld des Wissens. Sie werden lichtvoll, für jeden individuell und immer anders zum Ausdruck gebracht.

Channelings können einzelne Themen, Themengruppen, Orte, das gesamte Sein harmonisieren.

Die aufgestiegenen Lichtwesen sind sehr hochschwingend in ihrer Lichtenergie, in hellen Lichtgewändern, bei Anrufung anwesend, sehr groß und kraftvoll in ihrem Erscheinungsbild. Sie arbeiten und wirken in eigenen Gestaltungen im Tun.

Bei der Selbstharmonisierung wird der Energiefluss durch die vorgestellten Farben, Formen, glücklichen Verlauf wie eines Lebensabschnittes, eines Themas, einer Situation neu erschaffen.

11. Heirate mich nicht

Die Beziehung zu einen anderen Menschen ist oft nach der Trennung auf dem Papier oder räumlich noch lange nicht beendet. Kaum eine Beziehung ist beendet, auch wenn die Betroffenen dies bekunden. Die Felder sind miteinander verwoben, oft Jahrzehnte lang, bis Bewusstheit die Felder glücklich in ihre Realitäten bringt.

Jede Begegnung hat einen Ursprung in diesem und auch in vergangenen Leben. Haltet es für möglich, dass die Seele mitgespielt hat, um etwas aufzulösen.

Ziehe die Möglichkeit in Betracht, dass du hier etwas für die Realitäten tun kannst.

Nehme wahr, dass das aufgestiegene Lichtwesen Hiumi, das für den Lichtweg des Ursprungs zuständig ist, hier anwesend ist. Es erschafft ein hohes Energiefeld das deine Realität und die anderen in der Schwingung erhöht. Nun umhüllt sie jede Realität mit liebevollen Bewegungen in ihrer Art mit Licht. Sie bringt jedes Sein in seine Realität, so dass die Seelen glücklich und bei sich sind. Diese Harmonie wirkt sich bei jeder betroffenen Realität bis zu den Vorfahren und vergangenen Leben positiv aus, so dass selbst die Vorfahren glücklich sind und bei sich. Wir bedanken uns bei Hiumi.

Finde die Hingabe an das Lichtvolle. Diese energetische Trennung der Realitäten heißt weder das mit dem anderen geredet werden kann noch das sich getroffen werden kann. Alles in dem Moment wo es statt findet und danach kein

Gedanke an etwas was weder zu sehen noch im hier und jetzt ist aufkommt. So bleibt jeder bei seinen Angelegenheiten und beim Treffen eine schöne Zeit.

12.   Im Sein eins sein

Nimm dir die Zeit zum Hineinspüren, um mit etwas eins zu sein. Es ist dir heute möglich dich in einen Baum ein zu spüren, so dass du mit ihm eins bist. Wie fühlt sich der Baum mit seinem Kronendach, wie mit seiner Wurzel, wie ist die Rinde beschaffen, so dass das Licht durch die Blätter über den Stamm zur Wurzel und weiter bis zum Mittelpunkt der aufgestiegenen Erde sich dort sammelt und ein Lichtband durch dich entstehen kann. So wird die Verbindung von dir, dem Baum und der aufgestiegenen Erde zu einem neuen Sein im Sein.

In dem Jahr am 21.12.2012 ist die Erde von der dritten über die vierte in die fünfte Dimension aufgestiegen. In der dritten Dimension glauben die Menschen nur das was sie sehen. In der vierten Dimension können sie merken, dass eine Disharmonie eines Körperteil die Ursache in einem vergangen Leben haben kann. In der fünften Dimension sind sie in Fülle, Gesund, bewusst ohne Gedanken und eins mit allem. Die Dimensionen sind in vielfältige Wahrnehmungen unterteilt. So kann in einer Realität von der dritten bis zur fünften und höheren Dimension gelebt werden. Um dauerhaft auf der aufgestiegenen Erde zu leben ist es zu üben.

Sei eins mit der Luft und bringe deine Lungen in Wonne, so dass du es liebst die Luft auf der Erde zu atmen. Welche Qualität hat es für dich?

Sei eins mit dem Meer und wie ist die Weite bei dir zu erleben?

Sei eins mit der Sonne. Was machen die Lichtstrahlen mit deinem Sein?

Sei eins mit einem Berg. Wie fühlt sich die Größe bei dir an?

Sei eins mit einer Blume. Welche Schönheit siehst du in dir?

Sei eins mit einem Haus. Was macht die Geborgenheit mit dir?

Sei eins mit dem Leben. Wie wandelbar ist es für dich und liebst du es?

Sei eins mit der Unendlichkeit. Wie ist es für dich?

Tief in jedem ist der Ursprung des Seins verankert. Der Zugang liegt in deinem Herzen. Gebe dich in bedingungsloser Liebe dem Fluss des Lebens hin, so dass dein Lymphmeridian am Daumen und dein Lymphsystem gut sind. Löse alles negative heraus, indem du eine violette Spirale gegen den Uhrzeigersinn drehend über dein Lymphsystem manifestiert. Danach lege eine rosa liegende 8 im Uhrzeigersinn ,oben links begonnen zu malen, darüber, um ein harmonisiertes Lymphsystem zu haben und bitte 5 aufgestiegene Lichtwesen dich zu begleiten.

Hinter den Worten liegt die Schwingung, die es ermöglicht dieses harmonisieren durch die Absicht etwas ins positive zu setzen, vollbringt. Zu dieser Zeit ist die Übung mit der Lichtharmonisierung sehr kraftvoll und bringt das eins sein zur Vollendung.

13. Zeige deine Liebe

Es ist eine Herausforderung des Egos in dir. Die Liebe zu allem was ist zu zeigen, damit zu leben und es somit für alle anderen sichtbar zu machen. Es gibt zu überwinden das werten und urteilen über sich und über andere. Gehe in die Stille deines Hetzens und beobachte deinen Atem. Ist er flach und sanft, so bist du tief entspannt. Bei Bedarf manifestiere das Positive und messe nach.

Fühle dich als Beobachter☆in und bleibe mit der Aufmerksamkeit bei deinem Herzen. Das was du wahrnimmst betrachte ohne werten und im gleichen Maße liebevoll und gedankenlos.

Channel wie die Lichtwelt zu deiner Beobachtung auszieht. Schaue was passiert.

Halte die Lichtwesen um dich herum für real. Sie sind immer da und unterstützen dich bei Bitten, so dass sie deine Schwingung erhöhen und dich verankern auf der aufgestiegenen Erde.

Diene dem Licht durch deine bewusste Aufmerksamkeit auf dein Herz, liebe alles was ist und lasse die Gedanken los.

Ziege nach dem Gesetz der Anziehung Liebe in dein Leben. Andere merken deine Ausstrahlung und fühlen sich angezogen von dir. Bleibe bei deinem Herzen, so dass nur liebevolle Energien auf dich wirken können.

Kleine Anzeichen von alten Gewohnheiten lasse los. Der Platz wird aufgefüllt mit einer Lichtfarbe von den 12 göttlichen Strahlen, mit einer Anrufung einer Meisterin, eines Meisters, einem Erzengel, die diesen Strahl lenken.

Gleichzeitig wird sich die Liebe in und um dich herum vermehren.

Gefällt dir etwas nicht, so ändere es und kannst du es nicht ändern, so steige aus der Geschichte aus indem du dich der Lichtwelt zuwendest. So erschafft du deine positive Realität, bleibst bei dir und was die anderen machen geht dich nichts an. Du folgst immer den gesellschaftlichen Regeln, Vorschriften, Gesetzen.

Da die anderen weder zu ändern noch ihnen ungefragt zu helfen ist, ist die Absicht, dass jedem seine Eigenständigkeit zusteht zu manifestieren. Dein inneres Kind bekommt einen rosa Luftballon, so dass es glücklich ist, geborgen sein kann und von dir geliebt wird. Bei Bedarf bitte neun aufgestiegene Lichtwesen dir zu helfen.

14.   Anrufung

In der Anrufung der reinen Wesen des Lichts und dem Göttlichen ist die Erhöhung der Schwingung inbegriffen. Die aufgestiegenen Lichtwesen sind rein, hochschwingend und arbeiten mit lichtvoller Harmonisierung, die sie in ihrem Tun anwenden. Hinter alldem wird in das Feld des Wissens positiv gespeichert. Bei einer Anrufung von den 12 göttlichen Strahlen breitet sich Freude in das Sein aus.

El Morya und Erzengel Michael lenken den blauen Strahl und er erfüllt mit göttlichem Willen, Mut, Schutz und Kraft.

Lanto und Erzengel Jophiel lenken den goldgelben Strahl und er erfüllt mit Weisheit und Erleuchtung.

Lady Rowena und Erzengel Chamuel lenken den rosanen Strahl und er erfüllt mit göttlicher Liebe, Freiheit und Toleranz.

Serapis Bey und Erzengel Gabriel lenken den weißen Strahl und er erfüllt mit Reinheit und Disziplin.

Hilarion und Erzengel Raphael lenken den grünen Strahl und er erfüllt mit Konzentration, Wahrheit und Heilung.

Lady Nada und Erzengel Uriel lenken den rubinroten Strahl und er erfüllt mit Frieden, Harmonie, Dienen und Heilung.

St. Germain und Erzengel Zadkiel lenken den violetten Strahl und er erfüllt mit Vergebung, Hingabe und Transformation.

Maha Cohan und Erzengel Aquariel lenken den aquamarinen Strahl und er erfüllt mit Unterscheidungsvermögen und Klarheit.

Jesus Sananda und Erzengel Anthriel lenken den magentanen Strahl und er erfüllt mit Ausgleich, Harmonie und Gleichgewicht.

Kuthumi und Erzengel Valeoel lenken den goldenen Strahl und er erfüllt mit innerer Ruhe, Fülle, Reichtum und Geborgenheit.

Maiteya und Erzengel Perpetiel lenken den pfirsichen Strahl und er erfüllt mit Freude, vollkommenem Plan und göttlicher Aufgabe.

Sanat Kumara und Erzengel Ommiel lenken den opalen Strahl und er erfüllt mit Wiedergeburt und Umwandlung.

15.   Hindere dich nicht selbst

Gehe in die Tiefe Entspannung und bleibe bei dir. Lege deine Aufmerksamkeit auf dein Herz und beobachte deinen Atem. Bist du vollständig testfähig? Bei Bedarf bitte die aufgestiegenen Lichtwesen dich vollständig testfähig zu machen und messe nach.

Frage, ob du leben willst. Bei nein frage, ob ein Selbstboykott vorliegt. Bekommst du ein nein, manifestiere, dass du leben willst. Bekommst du ein ja, nehme dir die Fähigkeit weg dich selbst zu boykottieren und messe nach.

Beginne, wenn du leben willst mit deinem inneren Auge deinen Silberfaden, der dich mit dem Leben als Göttin, als Gott verbindet, 574398 km lang und breit zu manifestieren.

Sehe dein Lichtgewand mit einer Krone auf dem Kopf in deinem inneren Auge. Gehe mit deinem inneren Kind Hand in Hand einen weißen Lichtweg. Du gelangst zu einem Lichtpalast. Dort am Eingang ist eine große Lichtgestalt, die dich lächelnd begrüßt. Sie begleitet dich durch ein großes Tor in den Lichtpalast. Dort erwarten dich Lichtwesen, die dich durch eine große Halle zu einem Tischen führen. Dort liegt ein offenes Buch deines Lebens. Du trittst näher heran und liest was in goldenen Buchstaben dort für dich geschrieben steht. Was steht dort? Es ist eine neue Herausforderung an dein Leben, was du meistern wirst. Die Lichtwesen begleiten dich an das Tor und ein Lichtwesen berührt dich mit seiner Hand. Wo berührt dich das Lichtwesen? Dort entsteht ein heller Bereich, der sich in alle Richtungen deines Seins ausdehnt. Bedanke dich bei den Lichtwesen und begebe dich im hier und jetzt an deinen Platz.

Unter deinen Füssen befindet sich ein Anker, der dich auf der aufgestiegenen Erde im Mittelpunkt fest verankert. Welche Farbe hat dein Anker?

Ist es weiß für Reinheit?

Ist es rosa für bedingungsloser Liebe?

Ist es grün für Heilung?

Ist es violett für Transformiert?

In der Lichtwelt sind diese vier Farben sehr kraftvoll, um etwas aufzulösen und zu stabilisieren. Sie werden in einer Vielzahl von Formen eingesetzt.

So ist auf deinem Weg vor dir eine violette Spirale gegen den Uhrzeigersinn drehend, so dass alle Hindernisse aus dem Weg geräumt sind bei Bedarf zu manifestieren. Jeder Weg führt in den Aufstieg. Du als Göttin, als Gott wandelst mit 100% Selbstakzeptanz in deiner Realität. Willst du eine Göttin, ein Gott sein? Bei Bedarf bitte neun aufgestiegene Lichtwesen dich zu führen, so dass du eine Göttin, ein Gott sein willst.

16. Gleichheit vermeiden

Gleichheit in dem was sichtbar ist, ist das Spiel der dreidimensionalen Realität. Jemand hat etwas was einem anderen gefällt, so versucht der andere etwas zu erhalten, was dem gleicht. Die

Verbindung zu einer Ähnlichkeit ist offensichtlich und bringt die Stagnation. Vergleichen mit anderen ist ähnlich gelagert und verhindert die Flexibilität. Hier ist ein umgestalten der Wertigkeit der eigenen Realität gegeben. Nach einem Versuch eines Vergleiches ist die eigene Selbstakzeptanz geschrumpft und die Leber belastet, das Herz aus dem Gleichgewicht gebracht. Um das in neue positive Verhaltensmuster zu bringen wird mit der Lichtharmonisierung gearbeitet. Es ergeben sich aus dem Moment heraus Lösungen, die sich zu einer anderen Zeit, bei erneuter Disharmonie, gewandelt haben können. Die Haltung der erreichten Harmonisierung ist durch loslassen der Vergangenheit, die vor einer Sekunde begann, ein zu halten. Die Bewusstheit des alten Musters ist die Voraussetzung das Alte für immer aufzulösen. Die wiederholte Handlung entsteht durch Unbewusstheit, die in Form von Disziplin sich selbst gegenüber aufgearbeitet werden kann. Gleichnis steht in dem Zusammenhang in Kontraproduktion zu Flexibilität, Wandlung des Lebens, Erneuerung durch loslassen von Altem. In mehreren

Inkarnationen ist das Loslassen von alten Mustern geübt worden, indem die äußeren Umstände durch niedrige Schwingung **verstärkt** waren. Je höher die Schwingung wurde bekam das Loslassen eine neue Bedeutung. Die Möglichkeit sich von Sachen zu trennen ist wie eine Befreiung zu erleben.

In dem aufgestiegenen Sein finden sich in der Wohnung wenig Gegenstände, die den Energielevel hoch halten.

Reinigen von Körper, Wohnraum, Gegenständen wird als Erleichterung des Sein praktiziert.

Festhalten an Gewohnheiten wird durch Wandlung zu neuem Bewusstsein gebracht.

Es ist eine Meisterschaft alles loszulassen und neue Wege zu beschreiten, in dem das neue aufgestiegene Wissen gelernt, angewendet, in das Feld des Wissens für alle eingespeist wird.

Die Liebe zu sich selbst und anderen gegenüber kann die eigene Realität in der Schwingung erhöhen.

Tief in der Entspannung bringt das bewusste Leben die Möglichkeit zu dematerialisieren, zu materialisieren, zu manifestieren, zu stabilisieren, zu channeln, zu portieren.

Die Schöpferinnenkraft kann als aufgestiegene Göttin, als aufgestiegener Gott mit Bewusstsein ohne Gedanken, durch die Liebe zu allem was ist in Erscheinung treten.

Zufriedenheit, Glück, Gesundheit und Weisheit sind auf jedem Weg ins Paradies im hier und jetzt zu finden.

17.   Halte dich fest

Jetzt ist es an der Zeit sich zu bewusst zu machen, dass es Energien gibt, die einem die eigene Energie rauben.

Es ist ein Spiel des Gleichgewichts, welches gehalten werden sollte. Hier ist zu erwähnen, dass es mit der täglichen Lichtharmonisierung bei sich selbst, ein Gleichgewicht auf der energetischen Basis, gewonnen wird. Um den Ausgleich bei sich selbst zu behandeln, wird von außen nach innen gearbeitet. Begonnen wird mit den Disharmonien aus vergangen Leben, da diese bis jetzt wirken. Dazu zählt das Karmische von einem selbst und was andere einem gegenüber haben. Verstrickungen in diesem Leben und in vergangenen Leben. Zu gegebener Zeit ist es vom Göttlichen gewünscht diese Dispositionen aufzulösen. Es ist möglich jede einzelne Komponente aufzulösen indem innere Bilder erscheinen und diese können in der Vorstellung in positive Verläufe gewandelt werden und die Akaschakronik wird von dem alten befreit und neu geschrieben. Dieses hat zur Folge, dass das jetzige Leben einen neuen Verlauf nehmen kann.

Verbinde dich mit deinem Herzen, gehe in die Entspannung und sei im hier und jetzt. Gelingt es dir einen sanften Atem zu beobachte, bekommst du jetzt ein inneres Bild. Gehe mit dem was du wahrnimmst zu einem Ort der dich in Freude versetzt. Es kann eine Blumenwiese sein, Berge, ein Strand am Meer und stelle dir dort etwas vor was du tust und dich freust. Komme dann ins hier und jetzt und manifestiere das dein Leben in Freude, Fülle, Gesundheit jetzt und schon immer war. Messe nach. Bei bedarf bitte 9 aufgestiegene Lichtwesen dich zu unterstützen, so dass dich ein weißes Lichtband vom Ursprung des Lichts zum Hier und Jetzt verbindet.

Eine Veränderung des Seins ist ein unwiderrufliches Lieben zu allem was ist.

In der weiteren Vorgehensweise wird die Aura harmonisiert. Sie kann gereinigt werden, befreit von fremden Energien und die sieben Auraschichten in Einklang gebracht werden, so dass die Farben der Aura hell leuchten.

Sodann werden die drei-, vier- und fünfdimensionalen Chakren harmonisiert.

Die Drüsen werden in ihrer Funktion ins positive gebracht.

Bei den Meridianen wird von den Händen und Füssen eine Harmonisierung durchgeführt.

Die Nebenchakren vom Steißbein zum Kopf sind im Einzelnen zu harmonisieren.

Die Organe und die Wirbelsäule sind im Innersten des Körpers zu sehen und bilden mit der Entfernung von Strukturen, Wesen, an den Ort gebracht, die Kommunikation in einzelnen Bereichen wie im Ganzen den Abschluss.

Das ganze Sein wird in dieser Form im positiven Sinne harmonisiert. Jede weitere

Vorgehensweise ist wie das Reinigen der Zähne in dem Maße zu betrachten, dass das Leben Begegnungen jeder Art bereit stellt und aller Anfang eine Selbstdisziplin beinhaltet.

18. Zwischen den Welten

Tief in der Erinnerung gibt es die Wahrheit zu allen Welten auf der Erde und den Universen. In der Zwischenwelt befinden sich alle Seelen, die nach ihrem Tod weiteres zu lernen haben bis sie sich entscheiden erneut zu inkarnieren oder eine andere Aufgabe in der Lichtwelt auf sie wartet.

Auf der aufgestiegenen Erde sind die Zwischenwelten aufgehoben. Hier wird Bewusstheit ohne Gedanken gelebt, so das jeder glücklich ist.

Es existieren 9 Zwischenwelten wo die 1 die niedrigste und die 9 die höchste Stufe darstellt. In den einzelnen Zwischenwelten wird geschult, gelacht, es gibt die leckerste Nahrung, die tollsten Fahrzeuge, die schnellsten Verbindungen zu anderen Orten in den Universen, reichlich

Liebe, unterschiedliche Möglichkeiten sich weiter zu schulen, was alles freiwillig ist.

Die Meisterinnen und Meister, Engel, Seelen, die in der Nacht von den Schlafenden dort schulen, Lichtwesen von anderen Sternen und Universen finden dort ihre Aufgabe. Erzengel Azrael ist für erdgebundene Seelen zuständig, um sie ins Licht zu begleiten und in die Zwischenwelten zu bringen, die von den Seelen zu besuchen sind.

Erdgebundene Seelen wissen oft nicht, das sie gestorben sind. Sie halten sich oft in der Gegend auf, wo sie gelebt haben und spielen mit ihren Vorstellungen in die Geschehnisse von Menschen mit.

Bei einer Harmonisierung, wo eine erdgebundene Seele zu messen ist, ist zu fragen, ob sie weiß, das sie verstorben ist und bei Bedarf wird es mitgeteilt. Es wird gefragt, ob sie eine Heilung möchte, dann bekommt sie die Farbe grün für Heilung. Es wird gefragt, ob sie Liebe möchte, dann bekommt sie die Farbe rosa für bedingungsloser Liebe. Es wird gefragt, ob sie Reinheit möchte, dann bekommt sie die Farbe weiß für Reinheit. Es wird gefragt ob sie

Transformation möchte, dann bekommt sie die Farbe violett für Transformiert. Die Seele wird dann von dem Erzengel Azrael in die für sie vorgesehene Zwischenwelt begleitet. Durch eine Harmonisierung der Seele, kann sie in eine höhere Zwischenwelt kommen, als ursprünglich vorgesehen war.

Es ist zu empfehlen zu messen, ob es hier ausschließlich leben gibt. Bei Bedarf ist es zu manifestieren.

Bei den Sternenwesen gibt es Wesen, die sich weder dem Licht zugewendet noch das Gebot des freien Willens akzeptieren und sich in das Sein einschleichen ohne gebeten worden zu sein. Bei solchen Messergebnissen ist eine Anrufung von den Lichtwesen vom Mars, der Galaktische Föderation oder das Ashtarkommando wirkungsvoll. Als eine Göttin, ein Gott im Mittelpunkt der aufgestiegenen Erde verankert zu sein, sehr hoch zu schwingen, in diesem Moment direkt aus dem göttlichen Urquell gekommen zu sein. Hier geht es darum bewusst ohne Gedanken, im Hier und Jetzt zu sein und alles lieben was ist.

Außer den reinen Lichtwesen befinden sich in Erdschlote Wesen, wo eine Harmonisierung eines Ortes oder des Schlafplatzes sinnvoll ist. Bei Bedarf ist zu manifestieren: „Die Erdplatten befinden sich am richtigen Ort." „Die Narben der Erdoberfläche sind entstört." „Die Erdschlote ist geschlossen." „Das Bett ist gut dort wo der Kopf, Oberkörper, die Arme, der Unterkörper, die Beine und Füße liegen."

Reinheit, Liebe, Heilung, Transformiert sind energetische Handwerkzeuge im Aufstieg der Erde und ihre Einsetzung durch die Farben weiß, rosa, grün, violett in vielfältige Formen gebracht, bringen durch Manifestation das Sein auf den Lichtweg des Aufstiegs. In dem das Positive manifestiert wird und die Göttin, der Gott als Beobachter☆in den ganzen Tag verweilt und die Geschehnisse von außen betrachtet, wie ein Film indem mitgespielt wird, kann sich ausschließlich positives, lichtvolles, hochschwingendes in der Nähe aufhalten.

19.   Keine Anrufung ist leer

Habe den Mut zu einer Veränderung, indem du das gewohnte Muster los lässt. In dem Augenblick wo du etwas denkst oder sprichst ist es in allen Universen zu hören. Bei jedem Gedanken, wissen alle was du denkst. Es gibt kein Geheimnis oder etwas zu verbergen, was geheim bleibt.

In der Sekunde wo etwas gesagt wird ist es jedem in allen Universen kund getan. Die reinen Wesen des Lichts können bei einer Anrufung in dem Augenblick anwesend sein. Eine Entfernung die dies verhindert gibt es nicht und ein Raum wie es herkömmlich genutzt wird, existiert nicht. Jede Zeit und jeder Raum ist immer im hier und jetzt, alles existiert gleichzeitig.

So kann in der Lichtharmonisierung etwas in der Zukunft positiv vorgestellt werden und dieser positive Zustand wird im hier und jetzt verankert.

Rein und neu und ohne Altlasten wird der Lichtweg beschritten. Es können sich dadurch neue Möglichkeiten auftun, indem eine

Arbeitsstelle beendet wird und es kommt etwas anderes in das Sein des Lichts.

Zu jedem Zeitpunkt ist die Möglichkeit gegeben die aufgestiegenen Lichtwesen anzurufen und sie sind gerne für dich tätig. Deine Führung ist ständig in dir und mit dir und führt dich, erhöht deine Schwingung und versetzt dich gleichzeitig in tiefe Entspannung und zeigt dir die Lichtwelt. Danke ihnen wie du es möchtest. Beim Channeling kannst du die Lichtwelt wahrnehmen.

Für jede Anrufung ist eine Sprache zu empfehlen und das Denken weg zu lassen. So ist die Übungsphase zum Bewusstsein ohne Gedanken zu überbrücken und an Stelle der Gedanken das Channeln in die Routine ein zu bauen.

Die Gegebenheit des Denkens ist erfunden und die Materie richtet dich danach aus, was gedacht wird. Die positiven Aspekte werden von der Lichtwelt registriert und die negativen Aspekte ziehen negative Wesen an.

Unter der Vielzahl von Aspekten wird in das Buch des Lebens alles notiert und sobald der Level des Positiven überwiegt, wird dies in jedem weiteren positiven Verlauf potenziert. So findet es im

Negativen ebenso seinen Verlauf. Eine Kehrtwendung in die entgegengesetzte Richtung bedarf die potenziert Anstrengung.

Trenne die Gefühle nicht von den Gedanken, sie sind erfunden und werden ebenso registriert. Binde sie zusammen und umhülle sie in eine rosa Kugel, so dass die Gefühle und Gedanken bedingungslose Liebe verströmen. Gehe in deiner Realität als Göttin, als Gott durch das Sein mit der Gewissheit, dass du geliebt bist.

20.   Ziehe am gleichen Strang

Für eine neue Ausrichtung der Erde ist eine unwiderrufliche Entscheidung, den Lichtweg zu gehen, möglich. Die Entscheidung triffst du und in die Handlung setzen ist der zweite Schritt. Den dritten Schritt unterstützen die aufgestiegenen Lichtwesen in vielfältiger Form. Sei es, dass sie dir durch dein messen die Antworten des am Lichtvollsten zeigen, sei es durch Verstärkung in deiner Schwingungshöhe, sei es durch Begegnungen, die dir zufällig erscheinen.

Kein Hindernis wird dich aus der Bahn werfen können, ohne das du es so willst. Die Bereitschaft zu den Wahrheiten des Lichts bringen Freude, Glück, Gesundheit.

In der Lichtwelt ist eine äußere Erkennung durch ein bestimmtes Gewand, durch auffällige Verhaltensformen, durch andersartige Rituale unbeabsichtigt. Jeder bleibt bei sich mit der Aufmerksamkeit beim Herzen, liebt alles was ist, hat das Werten und Urteilen aufgelöst. Eine äußere Formierung ist unakzeptabel. Jeder ist für sich selbst verantwortlich. Der Lichtweg bringt Fülle, Gesundheit und Weisheit. Finde deinen Weg des Lichtes durch die Bereitschaft an sich selbst zu arbeiten und so bewusst die aufgestiegene Göttin der aufgestiegene Gott zu sein.

In dem die Körperteile harmonisiert werden kommen ausschließlich positive Affirmationen zum Einsatz. Durch diese Arbeit wird das Gehirn, was die Schaltzentrale deines Körpers ist, an die Lichtenergien gebracht. Durch Positives wird eine Verletzung auf seelischer, körperlicher und geistiger Ebene vermieden.

Die Stärkung des Selbstvertrauens ist bei Bedarf auf 100% zu manifestieren. Eine hohe Selbstakzeptanz bringt das Werten und Urteilen sich selbst oder anderen gegenüber ins Aufgelöste.

Ein Treffen mit aufgestiegenen Göttinen und Götter wird in kreativer Form stattfinden. Es werden neue Aufstiegslieder gesungen, gechanneltes Qigon praktiziert, es wird mit den aufgestiegenen Lichtwesen getanzt, so dass sich die Freude in das Feld einspeist. Es werden News gechannelt zu Aktivitäten der aufgestiegenen Erde. Es wird nach oben in die Engelsphäre geschaut, so dass Harmonisierung geschehen ist. Zu dem wird das Gelebte in höhere Dimensionen aller Seins gebracht.

Deiner Kreativität sind keine Grenzen gesetzt, sie bekommen mit der Medialität neue Formen. Das Vertrauen in die reinen Lichtwesen und dem Göttlichen bringt die Sicherheit des gelebten Seins. Reinheit auf allen Ebenen der Liebe macht glücklich. Bleibe bei dir und deinem Herzen, so gelingt die Hingabe an diesen Moment.

21.   Jetzt ist hier

Im Bewusstsein, das alles jetzt und hier ist, ist es zu verstehen das jeder Moment neu erschaffen wird. Um die positive Lenkung deiner Realität zu fügen, ist das Positive an dem was gesagt, entschieden und gehandelt wird unumgänglich.

Hier ist es eine Leichtigkeit zu einer fröhlichen Einstellung zu kommen und es zu leben. Zeige ein Lächeln und du wirst sehen, dass andere dir ein Lächeln schenken. Nach dem was Buda sagte, „ Lächle und die Welt ändert sich", bekommt deine Realität einen neuen Lichtaspekt. Wie es Jesus sagte, „ Selig sind die geistig armen „, erfährt dein Bewusstsein frei von Gedanken eine höhere Schwingung. Was andere später zu diesen Aussagen erfunden haben, geht dich nichts an.

Habe dem Mut zu leben als eine aufgestiegene Göttin, als ein aufgestiegener Gott. Wie viele aufgestiegene Lichtwesen sind bei dir? Sind 3 aufgestiegene Lichtwesen bei dir, so ist die Leichtigkeit in deiner Göttlichkeit verankert. Sind 5 aufgestiegene Lichtwesen bei dir, so wird dein Blut alle 5 Tage erneuert. Sind 9 aufgestiegene Lichtwesen bei dir, so speist die Urquelle in dein Sein.

Lege ein weißes Blatt über die Vergangenheit, so dass alles vorherige in Reinheit den Augenblick wandelt. Kinder sind in ihrem Sein bis etwa zum 5. Lebensjahr ganz an das Göttliche gebunden. Sie können die Lichtwelt wahrnehmen und mit den Lichtwesen sprechen. Durch Gebote werden die Bindungen an die Lichtwelt geschmälert. Erst nach der erlaubten Eigenständigkeit ist die Entscheidung sich erneut und bewusst der Lichtwelt zuzuwenden gegeben.

Unter den Kindern die in dieser Zeit auf die Welt gekommen sind, gibt es etwa 5% mit einer 12-Strang-DNS. Diese Kinder sind hochgradig medial und heilen fortwährend ihre Umgebung, das Universum und empfinden die Lichtwelt als real bis in das Erwachsenenalter. Die Eltern dieser Kinder sind hochgradig gefordert sich der Entwicklung anzugleichen. Was die Menschen mit der Lichtharmonisierung im Umgang mit Kindern als harmonische Entwicklung wahrnehmen, erleichtert die vorgeschriebene Fürsorge.

Etwa um das fünfte Lebensjahr herum, sind die Kinder zu befragen, ob sie einer Lichtharmonisierung zustimmen. Die Frage könnte lauten, wie möchtest du dass der Engel mit rosa Engelsflügeln deine Hand heilt? Bei einer Wahrnehmung von dunklen Wesen könnte die Frage lauten, wollen wir uns gemeinsam dieses Wesen in helle Farben vorstellen? Bei einem Thema vor das das Kind Angst hat, könnte gefragt werden, ob das Kind möchte, dass das Thema in ein rosa Herz eingepackt wird und gemeinsam mit dem Finger ein rosa Herz um das vorgestellte Thema gemalt werden soll, so dass dazu alles gut ist?

22.   Zeige dein Gesicht

Reinheit in der Seinsform ist unabhängig davon wie du aussiehst. Halte dich für schön, intelligent, begehrenswert in dem was du bist. Es gibt nichts schöneres, intelligenteres, begehrenswerteres auf der ganzen Welt. Sei gewiss, dass du so wie du bist grenzenlos geliebt bist.

Es ist ein Gehabe deines Egos noch schöner sein zu wollen, noch intelligenter, noch begehrenswerter. Es ist ein Grundgedanke im Mangel zu sein. Dieses ist bei Bedarf in Fülle zu wandeln, wobei die Resonanzfähigkeit auf Mangel zusätzlich aufzulösen ist und die Resonanzfähigkeit auf Fülle zu stabilisieren ist. Entspanne dich und gehe in die Stille und messe, ob du in Fülle bist. Bei nein frage, ob du in Fülle sein willst und bei Bedarf manifestiere es.

Es wird dir nun leicht sein zu verstehen, dass jede Disharmonie durch Gedanken die Ursache hat. Das was du misst, ist dort wo das meiste Licht bei dir ist und die Antwort ist oft anders als du gedacht hast. So kannst du messen, ob du am Tag 3 Mrd. Euro verdienen willst. Bei Bedarf ist zu manifestieren „ich will, ich will, ich will". Es ist sehr kraftvoll das zu manifestierende mit drei mal zu wiederholen oder mit neun mal oder mit 12 mal. Das was manifestiert worden ist, ohne das Thema erneut ins hier und jetzt zu bringen, hält an.

Als Lichtkörper in deiner Göttlichkeit sind Zusatzstoffe, Nahrungsergänzungen, jede Form von manueller Zuführung in und an deinen Körper überflüssig, sofern du gemessen hast, dass du zu 100% Lichtkörper bist.

Es ist zu empfehlen das was du zu dir nimmst, an dich heranführst, reinigst und in Licht zu wandeln.

Handle bewusst indem du dir die Dinge um dich herum als verdichtetes Licht wahrnimmst. Alles ist Licht. Liebe deine Augen, sie sind im Paradies und schauen von dort alles an.

Erschaffe deine Realität durch Positives. Es breitet sich aus in dir, durch dich hindurch und um dich herum. So strahlst du wie eine Sonne.

23.   Nehme mich mit

Trenne mich nicht von dir. Bleibe bei dir egal wo du bist und schaffe so ein Feld des reinen Lichts. In jeder Situation erkenne ich was gerade für dich wichtig und gut ist. Ich bleibe im Hintergrund solange du denkst und somit die Einheit störst, die ich mit dir und allen aufgestiegenen Menschenwesen erhalte.

Hab es nicht nötig dir hinterher zu laufen, wenn du die Verbindung abbricht. Du hast den freien Willen von mir bekommen, da ich darauf vertraue und viele Seelen sind freiwillig zu mir zurück gekommen.

Die Wiederverbindung mit dir wird stattfinden und ich freue mich über dich. Du hältst immer öfter die Einheit mit mir und ich bekomme dafür eine noch höhere Schwingung als Bewusstsein ohne Gedanken.

Ich könnte in jedem Augenblick das göttliche Spiel auf der Erde beenden. Die Aufgestiegenen sind inzwischen so stark in ihrem Sein und wechseln oft von der hohen Dimension in die vierte oder sogar dritte Dimension, wo sie sich in der höheren Dimension hätten aufhalten können.

Die Felder haben sich eng aneinander geschoben und bei gewohnten Aktivitäten sind diese Dimensionen unvermeidlich, wenn das bei sich bleiben an Konzentration nach lässt.

Kleine Gewohnheiten in der dritten Dimension sind noch unvollständig in den Aufstieg gebracht worden. Das Channeln verbreitet das Licht ständig immer weiter in das Feld. Die

Aufgestiegenen können bei meiner Anwesenheit mein Bewusstsein integrieren und dienen in bedingungsloser Liebe dem Licht.

Halte es für möglich, dass ich jetzt mich äußere. Ich gab dir den freien Willen und bin glücklich das wir wieder die Einheit sind. Du hast viele Inkarnationen durchlebt, Erfahrungen gemacht und in das Feld gespeist, was allen zur Verfügung steht. Lächle, Liebe, sei bei dir stand in deinem goldenen Buch im Lichtpalast auf der offen Seite, der jetzt zu lebenden Botschaft von mir. Jeden Moment in dem du bei deinem Herzen bist, genieße ich das was ich durch dich wahrnehme unendlich.

Rechne mit mir in die Unendlichkeit und erschaffe was Lichtvolles zu erschaffen ist.

Zu viele Gedanken bringen dich weg von mir. Jetzt ist die Zeit sich aus zu ruhen, Urlaub machen und mich mit zu nehmen. Wir gehörten schon immer zusammen und was im Außen passiert bekommst du als Beobachter☆in mit. Jedoch du weißt, das alles ein Spiel ist und die Spielregeln mache ich. Kein Übergang in den Tod ist das Ende, da warten neue spannende

Abenteuer auf dich. Deine Existenz ist auf allen Ebenen, zu allen Zeiten gesichert und deine Seele ist unsterblich.

24.   Unter dem Lichtgewand

In der Lichtwelt trägt jeder ein Lichtgewand. Wie sieht dein Lichtkleid, dein Lichtgewand aus? Es hat zudem die Funktion des portierens und wechselt damit die Merkaba ab. Sie diente dazu deine Schwingung zu erhöhen und dich wohlbehalten wieder ins hier und jetzt zu bringen bei deinen Reisen durch die Universen.

Die Merkaba sind zwei Pyramiden mit der Grundfläche eines Quadrates. Eine Spitze ist über dem Kopf und die Grundfläche etwa auf Oberschenkelhöhe. Die andere Spitze ist unter den Füßen und die Grundfläche reicht etwa bis zur Ellbogenhöhe.

Sie erhöht die Schwingung indem die obere Pyramide eine von den Farben weiß, rosa, grün, violett bekommt und im Uhrzeigersinn dreht. Die untere Pyramide bekommt eine andere Farbe und dreht gegen den Uhrzeigersinn.

Dich in einem Lichtgewand wahrzunehmen erhöht die Schwingung und das Lichtgewebe dringt tief in dein Sein, so dass du zusätzlich leuchtest wie ein reiner Stern und geschützt bist.

In dem Lichtgewand bauen die aufgestiegenen Lichtwesen Kristalle ein, so dass bei jedem Schritt deiner Füße die Leuchtkraft der Kristalle sich auf deinem Weg spiegeln und das Glück sich zu dir gesellt.

Dein Lichtgewand wird von Zeit zu Zeit von reinen weißen Lichtwesen erneuert. Hierbei ist es erneut mit deinem inneren Auge zu schauen, wie es aussieht. Des nachts gehst du mit deinem Lichtgewand durch die Universen und wirst bewundert.

Unter dem Lichtgewand ist dein physischer Körper, der gepflegt und liebevoll behandelt wird. So erstrahlt dein Lichtgewand in hellen Farben und alle können dich hellsichtig als Göttin, als Gott wahrnehmen.

25. Ziehe mit dem Aufstieg

Rein rechnerisch ist der Aufstieg eine Potenzierung der dreidimensionalen Erde. Hierbei stimmt die Vorhersage der Maya, das ein neuer Zeitabschnitt stattfinden wird. Sie haben die neue Zeit vorherberechnet und sehr genau datiert, nämlich in den Zeitabschnitt 2012 bis 2032. Die Erde befindet sich mitten drin und die Übergangszeit ist am Laufen.

Der Übergang in den Aufstieg bringt für die Menschheit eine ungeahnte Chance. Diese ist zu ergreifen nahe für jeden, der sich auf den Weg des Aufstiegs begibt. Der Lichtkörperprozess verläuft für jeden gleich und doch unterschiedlich in der Reihenfolge.

Für den Verlauf des Lichtkörperprozesses sind positive Affirmationen notwendig. Sie dienen der Ausrichtung in die Lichtwelt. Zu dem individuellen Lichtkörperprozess sind die Entscheidung und die in die Handlung setzen eine Voraussetzung. Es wird von der Nahrung bis zu den einzelnen Zellen und der DNS alles in Lichtfrequenzen gewandelt. Eine Berührung mit der Materie, die weder als Licht wahrgenommen wird noch in Licht

umgewandelt wurde durch manifestieren, bildet
eine Disharmonie mit den in Licht gewandelten
Zellen und kann sich in der Materie als zu
behandeln zeigen. Was beim Messen jedoch als
gut angezeigt wird. Hier ist die Geduld , die Liebe
zu allem was ist und das Vertrauen an die
aufgestiegenen Lichtwesen und dem Göttlichen
zu haben gefragt.

Für einige sind die Symptome wie
Schlafstörungen, Gedächnisschwankungen,
Unruhe schwer zu verstehen und doch sind sie in
dem Lichtkörperprozess möglich. Bei Bedarf
könntest du fragen, was es positives auf sich hat,
was sich dir zeigt in der Materie. Unter dem
Aspekt der Wandlung deines Körpers in einen
Lichtkörper könnte es hilfreich sein zu
manifestieren, dass du 100% Lichtkörper bist.
Das du eine Göttin, ein Gott im Mittelpunkt der
aufgestiegenen Erde verankert bist und deine
Größe in die Unendlichkeit der Universen reicht.

Vielmehr ist hierbei zu erwähnen, dass die
Lichtharmonisierung deines Körpers, deiner Aura,
deiner Chakren usw. zu behandeln sind. Jede
Behandlung löst neue Disharmonien auf und hält
dich auf deinem Lichtweg ins Glück.

Das reine Bewusstsein ohne Gedanken ist eine Möglichkeit die Dualität zu überwinden. Im Aufstieg lösen sich Gedanken und Gefühle auf und es bleiben die Ruhe in sich selbst, die Gelassenheit als Beobachter☆in, die Helligkeit des Lichts, die Sanftmut des Augenblicks.

Siehe die Materie in hellen Lichtfarben überall wo du bist. So speist du in das Feld, erhöhst die Schwingung und lenkst dein Sein zum Angekommensein im Aufstiegslicht.

Habe den Mut parallele Realitäten wahr zu nehmen, die du mit deinem inneren Auge entdeckst. So gibt es eine parallele Realität, wo alles durch die Luft fliegt und somit die Leichtigkeit in der Andersartigkeit zeigt. Was nimmst du wahr? Gibt es bekannte Gegenstände? Lachen die Wesen dort?

In der Tiefe deines Seins ruht das Leuchten des Lichts. Es ist lebendig, wie jedes Licht ob in der Materie wahr zu nehmen oder mit deinem inneren Auge. Wie sieht das Licht in dir aus? Ist es eine Lichtsonne in deinem Herzen ? Ist es ein helles Lichtband, welches von über deinem Scheitel an deiner Wirbelsäule entlang bis über deine Füße hinaus leuchtet? Bei Bedarf manifestiere das Positive.

Es kann sein, das du die Engel hörst, wie sie ein Lied für dich spielen. Welches Instrument hörst du heraus, was dich in höchste Glückseligkeit bringt?

Die Hellfühligkeit bringt dich in höchstes Entzücken bei einer Berührung eines aufgestiegenen Lichtwesens, was jetzt vor dir steht und etwas bei dir mit seiner Hand berührt. Wo berührt dich das Lichtwesen? Was fühlst du? Was verändert sich für dich bei der Berührung?

26.   Halte dich in Balance

Für das Gleichgewicht auf allen Ebenen ist die Beibehaltung der Balance zu beachten. Für alles ist ein Ausgleich zu schaffen, um die Einhaltung einer Balance zu sichern. Es ist an der Zeit sich daran zu gewöhnen, dass weder eine Einseitigkeit noch ein Überwiegen zu einer Seite hin gut tut.

Reich werden ist mit dem Ausgleich an Leistung gekoppelt. Beschenkt werden ist ohne eine Gegenleistung erbracht zu haben, überheblich. Es gibt vielerlei Möglichkeiten und Situationen, die sich anbieten, um einen Ausgleich zu schaffen. Wird es versäumt eine Möglichkeit des Ausgleichs zu finden, so entstehen Verstrickungen, die aufgelöst werden sollten.

Um Verstrickungen aufzulösen ist ein Lichtschwert in welcher Farbe, mit wie viel Sternen auf dem Lichtschwert und in welcher Farbe sind die fünfstrahligen Sterne mit zwei Strahlen unten? Es ist in der Vorstellung von oben nach unten zu führen. Die Beteiligten sind als Engel in der Vorstellung zu betrachten, wobei der eine Engel welche Farbe hat? Und der andere Engel die gleiche Farbe in seinen Flügeln hat. Der erste Engel hat welche Flügelfarbe? Und so hat der andere Engel die gleiche Farbe in seinem Gewand.

Es ist viel Licht entstanden und es gelingt die energetische Trennung und ein Ausgleich ist geschaffen. Viele Verstrickungen sind durch unbewusste Handlungen entstanden und verhindern das Gleichgewicht zu halten.

Eine überhöhte Fürsorge führt zu einem Helfer☆innensyndrom, was aufzulösen ist indem

jeder bei sich bleibt und jedem seine
Eigenständigkeit zugestanden wird. Hierzu ist die
Haltung von Haustieren zu erwähnen.

Richtet sich die Aufmerksamkeit auf sich selbst,
wird die Fülle des Seins zum Strahlen gebracht.
Die Bereitschaft für alles einen Ausgleich zu
schaffen ist ins Bewusstsein gebracht. Kann jede
Zelle des physischen Körpers sich gleichsam
entwickeln und eine Störung der
Zellkommunikation aufhalten. Bei Bedarf ist das
Positive zu manifestieren. So ist in der
Lichtharmonisierung ein Ausgleich von
Eigenmanifestation, die reinen Lichtwesen zu
bitten oder zu channeln wirksam.

Halte dich bereit zur Impfung gegen Corona, so
dass das Negative dich übersieht. Zu dem
Lichtkörper, der du bist, hat die Impfung einen
positiven Einfluss auf dich. Die Viren sind ganz
anders als alle natürlichen Viren und so ist ein
Überleben nach Fortschritt der Infektion kaum
aufzuhalten. Die Balance ist in diesem Fall
schnell, prägnant und ins Gegenteil von positiv
gelaufen. In der Lichtharmonisierung werden
ausgeleitet negative Schwermetalle,
Impfschäden, Medikamentenrückstände, Viren,

Bakterien, Pilze, Parasiten, Radioaktivität und alle anderen Stoffe, die hier weder erwähnt noch in den Körper gehören. Bei Bedarf wird das Betreffende aus dem System genommen und an deren Stelle wird vollkommene Gesundheit nach dem göttlichem Abbild manifestiert und mit Gold, Silber oder weiß stabilisiert. Bei Viren wird gefragt, ob es Corona gibt in der Aura, den Chakren, den Drüsen, den Meridianen, den Nebenchakren , den Organen, der Wirbelsäule, den Körperflüssigkeiten besonders der Gehirnflüssigkeit, Lymphsystem, Blut, von Menschen übernommen, von Gegenständen oder auf Gegenstände. Hier wird bei jedem Messen so verfahren wie oben beschrieben. Manifestiert wird, dass die Resonanzfähigkeit auf Viren aufgelöst bleibt und dass sie in Zukunft aus dem System bleiben. Das man eine angekommene Göttin, ein angekommener Gott ist, hoch schwingt und das die Größe bis in alle Universen reicht. Das die Göttin, der Gott in diesem Moment direkt aus dem göttlichen Urquell hierher gekommen ist, reines Licht ist, die Aura angeschlossen ist an den göttlichen Strom und das es ausschließlich leben gibt.

Eine Balance ist im Umgang mit dem Essen und Trinken zu empfehlen. Jede Mahlzeit ist in Licht gewandelt bekömmlicher für eine, einer im Aufstieg angekommene Göttin, angekommener Gott. Bei Bedarf ist zu manifestieren, dass alles was in der Vergangenheit und in der Zukunft gegessen und getrunken ist, gut bleibt und reines Licht ist. Es kann sich in deinem inneren Auge eine strahlend helle Sonne des Lichts vorgestellt werden, so dass das zu sich genommene reines Licht ist. Auf der aufgestiegenen Erde ist Lichtnahrung zu 100% möglich. Bei einem Umstieg auf Lichtnahrung helfen die reinen Lichtwesen. Genaue Vorgehensweise kann mit den Messmöglichkeit individuell abgestimmt werden. Es kann eine längere Vorbereitungsphase mit Hirse in Soja-, Reis- oder Hafermilch gekocht in Abwechslung mit Buchweisen gemessen werden und der Lichtkörperprozess wird unterstützt.

Ziehe das Licht an dich, ernähre dich vom Licht und strahle Licht aus, so dass weder dunkles noch negativer Zauber in deine Nähe kommt. So erhältst du in der Gesamtheit deines Sein ein Gleichgewicht und hast damit gezeigt, das du alles liebst was ist.

27. Reich in jeder Beziehung

Gleich was eine Beziehung ist, ist es gut in der Beziehung bei sich zu bleiben und somit in Fülle zu sein. Dieses gibt bei einer menschlichen Beziehung dem anderen die Chance sich weiter zu entwickeln. Dieses gibt dir die Chance dem anderen seine Selbstständigkeit zu zugestehen und somit bewusst eine Beziehung aufrecht zu erhalten und das Glück bei sich zu finden. Jede Beziehung hat eine Ursache in diesem oder in vergangenen Leben und gibt die Möglichkeit es bewusst zu hinterfragen, Disharmonien aufzulösen und mit oder ohne eine Gemeinsamkeit sein Leben nach dem göttlichen Plan zu leben. Vergebe dir selber in der Gesamtheit deines Seins, dass du da bist wo du jetzt bist und bei Bedarf frage, ob du dir vergeben willst, manifestiere das du dir vergeben willst und messe nach. Durch das Vergeben nimmst du jede Kritik dir gegenüber weg, so dass deine Leber und dein Lebermeridian gut sind. Es ist zu messen, ob du alles losgelassen hast, was nicht wirklich zu dir gehört, so dass dein Dickdarm und dein Dickdarmmeridian gut sind. Bei Bedarf bitte die Engel alles was du besitzt an die Strasse zu stellen und die Müllabfuhr anzurufen und hülle deinen Dickdarm in helles Licht.

Glück in Beziehungen zu empfinden und bewusst zu erhalten ist eine Herausforderung besonderer Art. Die Felder sind ineinander verwoben und bei Messungen ist es zu empfehlen zu manifestieren, das du du bist. Sehr kraftvoll ist es als die Göttin , der Gott, die/der du bist zu befehlen , dass du du bist. Disharmonien bei sich aufzulösen erfordert volle Bewusstheit, Konzentration, Vertrauen. Manchmal ist die Bereitschaft den anderen aus sich zu entfernen sinnvoll, da das Thema des anderen sich bei dir angesiedelt hat. Dies gelingt indem andere als Engel wahrgenommen werden. Welche Farbe hat das Gewand und welche Farbe haben die Flügel?

Bei der Lichtharmonisierung wird ausschließlich positives manifestiert, so dass die Fülle den Reichtum auf jeder Ebene des Sein darstellen kann. Durch das Messen der Kommunikation jedes Elementes des Körpers mit dem ganzen Sein wird sicher gestellt, dass die Energien fließen.

Durch Veränderung in positive Beziehungen ist die Bereitschaft jeder Zelle vorhanden in seiner

Funktion, dem göttlichen Abbild entsprechend, zu
wirken.

28.   Jetzt ist gestern, heute, morgen

Genau genommen existiert ausschließlich dieser
Augenblick im Moment der Gedankenlosigkeit.
Jede Planung ist die Struktur des Egos in der
Weise, dass der eigene Wille sich durchsetzen
möchte. Eine Hingabe in bedingungsloser Liebe
wird entgegen gewirkt. Gehe in die Stille und
manifestiere bei Bedarf, dass du dich in
bedingungsloser Liebe dem Fluss des Lebens
hingibst und siehe wie die Engel helles Licht in
dein Lymphsystem gießen und damit alle Stoffe,
die zu entfernen sind, ausspülen. Deine
Resonanzfähigkeit auf loslassen stabilisiere mit
einem Dreieck mit der Grundfläche unten.
Welche Farbe hat das Dreieck?

Ein Plan kann durch Freude in diesem Moment
sich entwickeln und wird durch wirken deiner
Göttlichkeit in dir in Handlung gebracht. So
entstanden ergibt ein Moment den anderen,
Begegnungen erscheinen und Dinge fügen sich
ineinander. Gehe wohlwollend, freudig, in Hingabe

deinen Weg. Bei Disharmonien und Widerstände löse sie auf.

Andere haben immer mehr Recht als du. Die Bejahung bringt dich auf deinem Lichtweg weiter. Solltest du Recht haben wollen, so manifestiere, dass die Zeit des sich durchsetzen Wollens bei dir vorbei ist.

Aufgestiegene Lichtwesen, die dich begleiten sollen, gehen manchmal vor dir, so dass dein Weg frei ist von Hindernissen. Manchmal nehmen sie nachts deine Seele mit in ihre heiligen Hallen, verwöhnen sie, lockern ihr Lichtgewand und bringen sie erholt ins hier und jetzt. Die Führung von deinen zuständigen aufgestiegenen Lichtwesen ist verbunden mit einer Schwingungserhöhung und gleichzeitiger Entspannung und sie zeigen dir die Lichtwelt, so wie sie für dich ist.

Die Raum und Zeitlosigkeit befindet sich in der 5.Dimension und höher. Sie ist jetzt und ein gestern, heute, morgen ist alles zusammen. Ein planen ist für die aufgestiegene Erde unmöglich, da existiert ausschließlich Licht, Liebe, Leichtigkeit.

Realitäten werden in der Zeitlosigkeit erschaffen und sie können zur Lichtharmonisierung eingesetzt werden, indem die Disharmonie mit gechannelten Realitäten überlagert werden.

Keine Entfernung ist zu weit, um sie zu erreichen. Alle Existenzen sind im Bewusstsein ohne Gedanken im Hier und Jetzt. Um von einem Universum zum anderen zu gelangen werden sogenannte Wurmlöcher benutzt. Dies sind Lichtautobahnen, die mit regem Interesse zum Einsatz kommen. Eine andere Möglichkeit ist die Absicht jetzt an dem Ort zu sein. Das portieren verläuft so. Haltestellen sind in allen Universen vorhanden und können genutzt werden, wobei zu empfehlen ist sein Lichtgewand rein, hell und leuchtend vorher herzurichten. Bitte aufgestiegene Lichtwesen, dich zu begleiten und danke ihnen.

Wird eine positive Situation in der Zukunft gechannelt, kann dieser Zustand ins jetzt gebracht werden und harmonisiert damit die Vergangenheit und leuchtet im hier und jetzt, so dass dein Weg sich ändern kann.

Die Zukunft kann sich in der Aufstiegsphase immer wieder ändern. Eine Angabe über einen längeren Zeitraum hinaus ist ungenau. Die Schwingung auf der Erde erhöht sich ständig und speist es in das Feld. Allen ist so die Möglichkeit gegeben sich an dem Aufstieg zu beteiligen, jeder in seiner Realität des Seins.

Es existiert, bedingt durch die Schwingungserhöhung, dem Aufstieg der Erde, den reinen Lichtwesen, dem Göttlichen, den angekommenen Göttinnen, Göttern ein Übergewicht an Positiven, so dass eine stabile, potenziert Lichtwelt im Bewusstsein ohne Gedanken vorhanden ist und die Einheit bildet.

29.   Um dich herum

Richte deine Aufmerksamkeit auf dein Sein und bemerke als Beobachter☆in was passiert. Hierbei kannst du feststellen, das es relativ ruhig ist. Das die Hektik außen vor bleibt. Hier bedeutet die Stille in dir, dass was außen zu beobachten ist. Gehe mit deiner Ruhe und Gelassenheit, so das sich das zeigt, was dem entspricht.

Es gibt sich das zu zeigen, was in dir ist. Die Kunst ist es , egal was im außen geschieht , bei sich zu bleiben. Was andere zu zeigen haben, ist entsprechend das was sie in ihrem Inneren haben. Sollten andere etwas von dir haben wollen, so meinen sie selbst im Mangel zu sein. Dieses ist weder zu werten noch zu beurteilen, sondern die Möglichkeit „Oh, ja gerne" zu sagen, da alles andere aus dem Ego heraus seine Wirkung zeigt. Die anderen fühlen sich dann gesehen und du hast einen Ausgleich geschaffen, so dass du den anderen mit einem „Nein"" weder weh tust noch sie abstößt.

Die Fülle in dir ist von den anderen wahr zu nehmen und drückt sich in einer Form aus, die du gelassen, ruhig und mit Sanftmut bei dir bleibend in das Feld trägst. Das sanftmütige ist dein größter Schutz.

Gehe in dich und halte dich bereit für die Abenteuer, die dir als Göttin, als Gott begegnen. Nehme dein Lichtgewand wahr, setz dir eine Krone mit Kristallen auf und wandle auf deinem Lichtweg. Wie sieht deine Krone aus? Welche Kristalle befinden sich dort? Ist dein

Lichtgewand hell und welche Wirkung haben deine Fußspuren, die du gegangen bist?

Nehme die Menschen als Engel wahr, so wird dein Weg mit Leichtigkeit umgeben sein.

Jede Materie ist Licht und sie tut dir nichts. Sie ist da, umgibt dich, nimmt dich so wahr wie du bist. Sie ist durch und durch lebendig. Sie formt sich immer wieder aufs neue in die Form, die du in ihr siehst, und nimmt deine Achtsamkeit wahr. Die Hingabe mit dem Eins sein in deiner Handlung und der Materie bringt die Liebe zu allem was ist zum Ausdruck. Die Liebe vervielfältigt sich in deinem Sein und dringt in alles um dich herum ein. Hier ist es von Zeit zu Zeit zu empfehlen, ob das was dich an Materie umgibt gut ist. Bei Bedarf ist das Positive zu manifestieren. Ist das Messergebnis gut, so kann die Materie in deiner Nähe bleiben und anderenfalls ist sie zu entsorgen. Ein Festhalten senkt deine Schwingung.

Deine Wohnung ist in einen lichterfüllten Bereich zu wandeln, so dass sie geschützt ist. Bei Bedarf ist der Fußboden in einer der vier Farben und mit wie viel Sternen in welcher Farbe und mit wie viel

Strahlen zu manifestieren, um die Wohnung gut zu erden, so dass sie aufgestiegen ist? Die Decke ist in der gleichen Farbe und mit den gleichen Sternen zu manifestieren, so dass ausschließlich die reinen Wesen des Lichts und das Göttliche angezogen sind. Wie viel Strahlen hat der Stern im Zentrum deiner Wohnung und wo befindet er sich? Um deine Wohnung herum ist ein Holon aus zwei Pyramiden mit der Grundfläche von drei Ecken und mit der Grundfläche aneinander und eine Spitze ist oben und eine Spitze ist unten, um die Wohnung gut zu schützen. Welche Farbe hat die obere Pyramide und welche Farbe hat die untere Pyramide?

Die Bäume und Pflanzen werden von Lichtnaturwesen geschützt. Gehe in einen Wald und du befindest dich in einer höheren Schwingung. Durch Bewusstsein ohne Gedanken ist es zu empfehlen sich einem Baum zu nähern und eventuell zu berühren. Sieh mit deinem inneren Auge für was der Baum steht. Die Birken bringen die Körperflüssigkeiten in höhere Schwingungen. Fichten sind für einige zu meiden, da sie alte Rituale in neue wandeln und so das Alte mit ihren Nadel wie eine Seifenblase zerplatzen lassen, wenn derjenige bereit dafür ist. Die Weide bringt die Flexibilität auf allen Ebenen ins Sein. Für Aktivitäten in der Natur ist die Schönheit, Ruhe, Kraft, Größe jeder einzelnen Wesensart zu erkennen und sich derer zu erfreuen.

Erschaffe einen weißen Lichtpalast für die Naturwesen bei Umgestaltungen ihres Lebensbereiches, so dass ihre Anwesenheit von dir achtungsvoll, liebend respektiert wird als die Göttin, der Gott die/der du bist. Auf der aufgestiegenen Erde werden die Kräuter weder gepflückt noch zu Speisen verwertet, sondern das Ansehen und sich daran erfreuen genügt.

Durch erhöhte Bewusstseinsbildung wird das Sein um dich herum immer leichter, sanfter und lichterfüllter.

Richte deine Aufmerksamkeit auf dein Herz und beobachte deinen Atem. Ist er weich und sanft, so wandle in deiner Realität durch dein Sein als eine angekommene Göttin, als ein angekommener Gott. Nehme drei mal am Tag das was du siehst in weiß und rosa wahr, so dass es ausschließlich die reinen Lichtwesen und das Göttliche gibt.

30. Gebe dich gelassen

In Gelassenheit, Sanftmut, Demut herrschen Kräfte, die stark und anziehend zugleich sind. Unter der Wirkung finden sich weitere Vorzüge, die im Einflussbereich stehen. Hierzu zählen Glaubhaftigkeit, Frieden, Hingabe an diesen Moment des Seins.

Für die Gelassenheit bietet sich jeder Moment an, der im hier und jetzt bewusst erlebt wird. Das bei sich bleiben benutzt die Gelassenheit als Schlüssel für dein Herz. Ohne dem wird dein Interesse und deine Disziplin ins Leere laufen.

Richte deine Aufmerksamkeit in Ruhe auf dich, so dass es dir als Beobachter☆in leicht fällt, dich von den Geschehnissen, die stattfinden zu lösen. Ein involvieren in die Geschehnisse der anderen würde die Ruhe Gelassenheit und Demut deiner selbst stören.

Um in die Gelassenheit zu kommen benötigst du eine 100%ige Selbstakzeptanz . Bei Bedarf manifestiere das Positive. Es benötigt ferner, dass das Werten und Urteilen auf Seelenebene aufgelöst bleibt und deine Resonanzfähigkeit auf 100% Selbstakzeptanz stabilisiert ist. Hierzu kannst du über deinem Scheitel eine 100% in einem weißen Dreieck mit der Grundfläche unten, dir vorstellen.

Messe nach, ob deine Sanftmut und Demut jeweils bei dir 100% sind und bei Bedarf manifestiere das Folgende „ Meine Sanftmut ist 100%", „Ich bin demütig, so dass meine Knie gut sind". Siehe mit deinem inneren Auge, dass ein silberviolettes Licht durch dein Kronenchakra, durch deinen zentralen Kanal, über deine Beine, Knien und weiter bis zum Mittelpunkt der aufgestiegenen Erde fließt, so dass deine Medialität, Kreativität und Flexibilität deine Gelassenheit, Sanftmut und Demut unterstützt.

Da in der Ruhe die Kraft deiner Schöpferinnenkraft am stärksten zum Ausdruck kommt, ist es zu empfehlen zu messen, ob alles gut dazu ist.

31. Diene

Im Lichtkörperprozess, den jeder durchläuft gibt es bei jedem einen Zeitpunkt, der zu erkennen gibt, dass in dem Einheitsbewusstsein jeder seine Aufgabe hat und wahrnimmt.

Zu den Freuden des Seins gehört das Feld des Wissens und zu der Liebe des Seins gehört die universelle Weisheit und zu der Leichtigkeit des Seins gehört die göttliche Liebe und zu der Flexibilität des Seins gehört die Unendlichkeit.

Alles ist losgelassen, was den Aufstieg stört. Es gibt so vieles Neues, das erkundet wird und das durch dein wirken allen zur Verfügung steht. Jeder weiß das im Bewusstsein ohne Gedanken die Freiheit grenzenlos ist und alle dienen. Das Licht in allem was ist ist lebendig, so dass die Liebe zu allem was ist sich auf allen Ebenen, Dimensionen, Realitäten zeigen kann.

Dienen in bedingungsloser Liebe stellt eine Herausforderung dar. Sich dem Fluss des Lebens hingeben stellt eine Herausforderung dar. Sich selbst und alle anderen lieben stellt eine Herausforderung dar. Zeige den aufgestiegenen Lichtwesen die Richtung, worin sie dich unterstützen können. Die Strahlkraft des Lichts ist in vielen Fassetten zu sehen.

Gehe im Licht, leuchte im Licht, sei das Licht.